SAWAAL

SAMAJHDARON SE

HITANSH BHARDWAJ

Copyright © Hitansh Bhardwaj
All Rights Reserved.

This book has been published with all efforts taken to make the material error-free after the consent of the author. However, the author and the publisher do not assume and hereby disclaim any liability to any party for any loss, damage, or disruption caused by errors or omissions, whether such errors or omissions result from negligence, accident, or any other cause.

While every effort has been made to avoid any mistake or omission, this publication is being sold on the condition and understanding that neither the author nor the publishers or printers would be liable in any manner to any person by reason of any mistake or omission in this publication or for any action taken or omitted to be taken or advice rendered or accepted on the basis of this work. For any defect in printing or binding the publishers will be liable only to replace the defective copy by another copy of this work then available.

Contents

Acknowledgements   *v*

Introduction   *vii*

Sawaal

1. Aksar Ya Shayad?   3
2. Pyar Hai?   4
3. Kya Khuda Bhi Hai?   5
4. Acchai Hai?   6
5. Bas Insaan?   7
6. Ghar Ya Baap?   8
7. Sochoge?   9
8. Bachpana Baaki Hai?   12
9. Apnaoge Kya?   13
10. Mard Kya Hota Hai?   14
11. Kya Mushkil Hai?   15
12. Maa?   16
13. Haina?   18
14. Shaks...   19
15. Bematlabi Baap   20
16. Kya Sahi Kiya Hai?   22

Puchna Tha...

17. Bura Maan Gaye?   25
18. Guzar Gaye?   27
19. Kya Kehte Hain?   28
20. Kyon Darte Ho?   30
21. Kya Khud Ko?   31
22. Saath?   32
23. Nafrat?   33
24. Koi Samjhega Shayad...   34

Contents

25. Karoge? 35

26. Na Jaane Kyon? 36

The Right Question 37

Acknowledgements

I would like to express my special thanks of gratitude to Notion Press who gave me an golden oppurtunity to write this book on their platform.

I would like to thank my Parents for letting me explore and not stoping me from writing this book and encourage my writing.

I would also like to thank ibeme_cs for helping me in writing and promoting this book and giving me inspiration to write this book.

I would like to thank my Sisters for motivating me to write this book and helping me to find right questions.

I would also like to thank my friends, speciall my **likhtahoon team** for encouraging, promoting and helping me througout this book.

I would like to thank my reader for reading and understanding my book.

Introduction

Aksar ye Sawaal hum puch nahi paate, Bolne ko hote hain par chup ho jaate hain.

Isliye ab meri kalam aap samajhadaaron se kuch sawaal puchna chahti hai. Zyada nahi bas thoda waqt lagage aur main jaanta hoon aap asaani in sawaalon ko samajh jaayenge.

Is kitaab main kai tarike k sawaal hain, Sawaal apno se, Sawaal apne aap se, Sawaal is samaaj se, ki aakhir kyon hum aisa sochte hain, kyon anjaane mein galtiyaan kar dete hain. Kuch apne kisse aur sawaal bhi hai mere jo main aap sabke saath baantna chahta hoon aur idhar agar "Main" aata hai toh matlab hai ki voh main aap hain, Matlab aapki soch hai...

Kya, Kyon, Kab, Kaise aur Kiske?

Bas itna hi hai is kitaab main. Main aasha karta hoon aap mere zasbaat samjhenge aur in sawaalon ko sochenge.

Ye kitaab har us shaksh k liye hai jo darta hai, jisne haar maan li hai, jo apne aap ko bohot "samajhdaar" maanta hai...

Intentions kisi ko bura feel karaane k nahi hai, Agar meri kuch baatein galat lagti hain ya kuch baatein maayus karti hain toh main aapse maafi maangta hoon...

Bas aasha hai aap aakhir tak padhenge aur samajhenge,

Toh aaiye shuru karte hain Sawaalon ka silsila...

Sawaal "Samajhdaaron Se"

#bohotkchlikhajayega

-Likhtahoon_29

Sawaal

Kabhi-kabhi ye Sawaal

Zaroori hote hain...

-Hitansh Bhardwaj

1. Aksar Ya Shayad?

Aksar socha hai us khwaab ko,
Aksar chah hai maine raat ko,
Baatein kum ho, Shor kum ho,
Aksar dhuonda hai us manzar ko,
Haasil nahi hai shayad kuch manzilein mujhe,
Shayad thoda kum safar hua hai abhi,
Shayad kuch baatein dil mein ghar kar gayi,
Isliye haasil na mujhe acchaiyaan meri,
Aksar maanga hai har dua mein sukoon,
Aksar baanti hain har khushi maine,
Isliye shayad ab bas gum bhale hain,
Kya aksar baantaa hai inhe maine?
Kya aksar main shayad mein hoon?

2. Pyar Hai?

Ye matlabi hi kaabil hai,

Bematlab bas nafrat milti hai,

Pyar hota hai jahaan mein,

Par usse badi ye nafrat hoti hai,

Har insaan kisi ka dushman hota hai,

Har insaan ki kahani mein ek bewafa hota hai,

Jiski khud ki kahani mein gum kaii hain,

Par na-jaane peet-piche bura karna hi bhaata hai,

Gale lagne baad hi insaan sacch batata hai,

Chehre pehente hain mukhote khushi k,

Par kuch chehron ki hasi mein bhi gum nazar aata hai,

Kya pyaar junoon nahi ho sakta?

Kya har jeev matlabi hota hai?

Ye main kya puchoon kisi se,

Mere andar bhi nafratein kaii hain,

Par kya bura karna aur sochna sahi hai?

3. Kya Khuda Bhi Hai?

Maaante nahi khuda mein hum,
Kuch aise haadse huae hain,
Jaante nahi ki kya dua maange,
Adhoori itni khwaishein hain,
Utna bure bhi nahi hum,
Jitna is zamane ne bataya hai,
Ek waqt aisa bhi tha,
Apni maa se nazre milaane ko sharmaaye hum,
Bewafa bhi bolte hain, Kamzarf bhi kaha hai,
Agar khuda ne banaya hai,
Toh kyon ye dukh banaya hai?
Kya in zakhmo ki dawa bhi hai?
Jinko is khuda ne aazmaane ko dia tha,
Chalo khuda itna toh batao,
Kya khuda bhi hai?

4. Acchai Hai?

Roz haar aate hain apni koshishon se,

Roz khwaab aate hain khush-haal zindagi k,

Neend bhi aati hai, Par na-jaane aankhein band nahi hoti,

Roz raat bethe hain jaam aur aansu liye,

Haarte toh roz hain par tut-te kabhi-kabhi hain,

Jaante hain jo hota hai voh accha hi hai,

Par kya zindagi mein acchai hoti hai?

Ya bas voh kamane aur manane ki hai?

Burai toh har shaks roz peeta hai,

Acchai waale jaam kuch kum nahi hain?

Kya voh jaanwar accha hai ya kya ye insaan bura hai?

Kahin inhi baaton mein neend choopi hai...

5. Bas Insaan?

Maante rahe galtiyaan,
Galat karna nahi chordte,
Waqt leti hai chizein,
Waqt dena hi kyon bhoolte?
Khwaab dekhte toh roz hein,
Par unhe pura nahi karte,
Hum insaan hain janaab, Hum aise hi raakh hote,
Bolna bohot hota hai,
Par ungli muh par bachpan mein hi rakh di thi,
Likhna bohot hota hai,
Par likhaai humari acchi nahi hoti,
Kaabil ban toh hum bhi sakte hain,
Par kaabiliyat par shaq bhi hum hi karte hain,
Hum insaan hai janaab, Hum aise hi raakh hote,
Kya jaanwar bhi kamate honge?
Kya patton k bhi khwaab honge?
Kya lakdiyaan bhi jalti hongi?
Ya bas insaan hi khaak hote?

6. Ghar Ya Baap?

Aap beetee bolein, Kya ye duniya sunegi?
Ya bas jhute-fasaano mein hi iski khushi hogi,
Kya koi samjhega yahaan?
Ya bas acchaiyon par hi taaliyon ki gunj hogi,
Kyon gum nahi manate hum?
Kyon dukhi ko akela chor dete hain?
Kyon galat chup bethe dekhe hum?
Kya bas awaaz paison se hoti hai?
Kyon sacch bhi jaam se nikalta hai?
Kyon phir us jaam ko peena mana hai?
Jab kahani hi nahi samajhte hum,
Toh waah-waai kis baat ki karte hain?
Jab rishte hi nahi hote kuch,
Toh kuch ghar, Baap ki maut ko taraste hain,
Aap beetee bole hum,
Hum ghar ki chaar diwaari hain,
Ye sawaal wahaan roz uthte hain,
Par jawaab ko hum bhi taraste hain...

7. Sochoge?

Ek maasoom si jaan thi main,

Ek ghar ki shaan thi main,

Nahi karna tha mujhe pyar,

Isliye hui hawas ki shikaar thi main,

Par ab Main kya karoon?

Tod doon dum, Ya phir udne ki chah karoon,

Nahi! Phir meri izzar k par kaat denge,

Ye kuch haewaan mujh masoom k sapne maar denge,

Par abhi toh zinda hoon main, Apna dum ghont leti hoon,

Tezaab mile toh paani ki tarah pee leti hoon,

Shayad kuch araam milega,

Par mere baad mere parivaar ka kya hoga?

Unki kyon sochun? Voh mujhe kaunsa apnaate hain,

Paraya dhan hoon bas unki nazron mein,

Par kya voh ab mujhse nazarein milaate hain?

Kya karoon, Phaansi laga leti hoon ya khai mein kud jaati hoon,

Par bacch gayi to kya bolungi?

Ek kaam karti hoon, Nas kaat leti hoon,

Khoon dikhega toh dar jayenge,

Shayad mera gum samajh paayenge,

Nahi ye na-insaaf hoga,

Unki nahi ye galti samaaj ki hai ki,

Beti apni nahi, Aaj suhaag ki hai, Kal voh mar gaya toh paap hi hai,

Chalo ye toh accha main kaali nahi hoon,

Par main apna chehra toh phir bhi choopati hoon,

Nazrein duniya dekhoon toh nazrein jhuka k chali jaati hoon,

Aise hi ek raat jaa rahi thi main,

Kuch khuda k farishton ne mujhe ghera,

Main dar gayi thi, Isliye na maine apna muh phera,

Voh dard voh cheekh, hazaaron ne suni,

Par kisi ne mujhe ek baar bhi na suna,

Main band ho gayi, Phir toh jaise khilone ki tarah khelte thae,

Bachpan mein mujhe Papa hi laate, Papa hi chordte thae,

Bolte thae kharaab hai zamana!

Main band kamre mein ye soch kar ro rahi thi,

Aur kisi ghar mein ek beti, ek maa, Hawas nashe ki shikaar ho rahi thi,

Kitna zulm likhoon? Syahi khatam hone ko hain,

Jaat aur Dharam ye samaaj tab nahi dekhta,

Jab ladki akeli dikhti hai,

Jis kokh se janme hai,

Jis maa ko pujte hain,

Nanak ho ya Paigambar,

Har jeev naani se hoti hai,

Par naari ko dabane mein ek baar nahi sochte,

Raat mein bahar na jaana,

Padho bhi ladkiyon k saath, Chalo kitna padhogi ab ghar sambhalo,

Humari marzi se shaadi hogi,

Pyar kiya toh badnaami hogi,

Tum ladki ho kab samjhogi?

Sharam, Lihaaj gehna hai tumhara,

Par voh devi ne toh talwaar bhi uthai hai,

Faltu ki baat hai sab,

Aakhir kisi mard ne hi talwaar banai hai,

Accha toh ab main chup ho jaati hoon,

Main toh bas kalam hi hoon,

Ek hadd tak chal paati hoon,

Par tumhare paas dimaag hai,

Tum soch sakte ho, Ek azaad beti khush rahegi,

Maanti hoon nahi maanoge,
Par sochna, Thik hai!
Sochoge?

8. Bachpana Baaki Hai?

Anjaan hum kadam ghar se bahar rakh dete hain,
Samajh nahi hoti duniya ki, Aur hum khud se sawaal karte hain,
Kya kuch kar paayenge is janam?
Phir zindagi bhar iske jawaab ko phirte hain,
Aur sochte hain,
Bachpan hi behtar tha,
Na roti ko taraste thae, Na pyar ki kumi thi,
Matlabi shabd ka matlab hi na pata tha,
Na kisi yaar ki kumi thi,
Khushi bas us ek khilone se aa jaati thi,
Aur logon ko aansuon se mana lete thae,
Maar bas maa ki thi,
Sapne bhi bas cycle k thae,
Na kamana tha, Na soch kar lutate thae,
Ghanto khel kud hoti thi,
Baarish mein naav banate thae,
Kyon na rok dia us samay? Jab doctor banna chahte thae,
Kyon dekhne diye aise sapne? Jo bas ameer hi pure kar paate thae,
Kaabil ban sakte thae khel mein,
Kyon kitaabon mein dabaya?
Muskaan ko us bacche ki, Kyon zimmedariyon ne chupaya?
Bacche se uska bachpana cheena,
Use hi nahi bataya?

9. Apnaoge Kya?

Mana main mota hoon, Par insaan hoon,
Mana main kala hoon, Par insaan hoon,
Mana main patla hoon, Par insaan hoon,
Mana mere chehre par daag hai, Par main insaan hoom,
Aise dur na betho mujhse, Yoon akela na karo mujhe,
Tumhari tara mera bhi dil hai, Khaab hain, jazbaat hai,
Yoon sabke saamne na toko mujhe,
Maa khila deti hai haaton se zaada, Mana nahi kar pata,
Maa hai nahi meri thoda kum khata hoon, Baap kamane hai jata,
Bhagwaan ne aisa rang dia hai, Main kya karoon?
Chaand par bhi toh daag hain voh kyon tumhe bhata?
Mera rang, mere nishaan, mera kad, mera wajan,
Mujhe accha lagta hai, tumhe samajh nahi aata?
Arre mujhe kyon puchte ho ye sawaal main aisa kyon hoon,
Tum dur bethoge, Chidhaoge toh kya main thik ho jaunga,
Jaisa bhi hoon main insaan hi hoon,
Tum apnaoge Kya?

10. Mard Kya Hota Hai?

Main bhi ro deta hoon,
Par aansuon ko koi nahi dekhta,
Main mard hoon na,
Mera dil toh patthar ka hoga,
Main paseena bahane ko jaana jaata hoon,
Main bas kamana jaanta hoon,
Mera dil bhi tuta hai,
Par phir bhi main hi bewafa hoon,
Aisa nahi hota hai,
Tuh mard hai, Tujhe dard nahi hota hai,
Tu bas bojh utha, Zimmedaari sambhaal,
Aree par mujhe khana banana accha lagta hai,
Tu pagal hai ya phir namard hai,
Kyonki mard toh bas dhul jhelne ko hota hai,
Aree par mujhe ghar mein rehna pasand hai,
Haan-haan kal se bindi bhi laga lio,
Roke mat dikha, Tere aansu tu khud hi ponch,
Aur kalam rakh, Ab kaam par jaa,
Aree par, CHUP!!!
Tu jaanta nahi, mard Kya hota hai?

11. Kya Mushkil Hai?

Mushkil hai mera safar,
Roz mann karta hai kahin dur chala jaun,
Saari mehnat chordh k,
Sukoon se so jaun,
Na koi khwaab dekhoon,
Na kisi k khwaab pure karoon,
Bas chup ho jaaun, Aur kaan band karloon,
Par andar ek shor sa hota hai,
Kyon main chup hokar bhi shaant nahi hoon?
Kyon ab rone se mann halka nahi hota,
Kyon bas ye din-raat mujhe neend satati hai,
Aur so jaun toh khaab sone nahi dete,
Kya haasil hoga aise jeet se?
Jab mera mann hi shaant nahi,
Par ab rukne se kuch nahi hoga,
Yahi khud se bol deta hoon,
Aur kuch apni, kuch apno ki aas liye,
Na main sota, Na mere khaab ko khone deta hoon,
Chal deta hoon, Mushkilon ka haath thaame,
Dard hota bhi hai aur nahi bhi hota...

12. Maa?

Jisne bachpan mein sharam na kari,

Usse ab tum kyon sharmaate ho?

Jisne apne haathon mein tumhari ungli rakhi,

Uska sahara ab tum kyon nahi ban paate ho?

Bada kehte ho, Apno ki fikar hai,

Kya ek din bhi dil se apni maa ko gale lagate ho?

Aree khushnaseeb ho tum, Isliye bekadar ho,

Nanhe kadmon ko jisne chaal di,

Aaj usi k chaal-chalan par sawaal uthate ho,

Kya hi tum kuch ban paoge,

Jo apni maa se dur bhaage ho,

Sab jaanti hai voh, Sab samajhti hai voh,

Phir bhi khana bana deti hai,

Ghar ka kaam karwale toh tum ghar sir par utha lete ho,

Kabhi uski aankhon mein dekho,

Ek sapno ka baksa dikhega, Jo tumne band kia hai,

Pura hota dekhna chahte ho, Toh apni maa ko khushi k aansu do,

Ki voh baksa khul k bahar aaye,

Aur bole,

Isi din k liye toh itne din chup thi main,

Kyonki main jaanti thi, Kaabil hai tu,

Main jaanti thi meri parwarish hai tu,

Maine maaf kia tujhe sab galtiyon k liye,

Meri aankhon ka tara hai tu,

Maa hona asaan nahi hota,

Pariwaar ka ek dhaga hoti hai voh,

Maa hona asaan nahi hota,

Bechain bhi voh apno k chain se sukh leti hai,
Tumpar chilla deti hai voh,
Toh kaise tum apni jannat ko koste ho,
Aree bhala hi sochegi tumhara,
Dushman nahi hai voh,
Toh chup se sun lia karo,
Tumhare chehre ki muskaan hoti hai voh,
Tum pareshaan raho, Toh khush nahi hoti hai voh,
Maa nahi hoti toh kya karte?
Kis-se ruth-te, Kisko bolte aap sambhal lena,
Maa dost hoti hai, sahara hoti hai,
Saari khushiyon ka kinara hoti hai,
Ek pyar ki pehchaan hoti hai,
Maa toh bas maa hoti hai...

13. Haina?

Haan maana kuch thik nahi hai,
Haan maana sab tumhare mutabik nahi hai,
Haan roz haar hi rahe ho,
Haan mana kuch accha karne ka mann nahi hai,
Par kya,
Ye dhuaan thik hai?
Ye shaam k jaam thik hai?
Ye khud ko kosna thik hai?
Maan kar beth jana ki kuch nahi hoga, Thik hai?
Nahi na! Phir bhi kyon hum aisa hi karte hain,
Hum anjaan toh nahi apni khoobiyon se,
Phir kyon aise jeete hain,
Uth sakte hain, abhi kuch hi haarein hain,
Abhi bhi sawar sakte hain,
Chalo toh ab ek koshish karte hain,
Na waadein karte hain, Na chunauti lete hain,
Bina kuch bole bas apne aap ko dekhte hain,
Apni mushkilon ko paar karte hain,
Aur khud se thodi dosti karte hain,
Khud ko thoda pyaar dete hain,
Itna toh ab kar hi sakte hain,
Haina?

14. Shaks...

Voh ek shaks hi hoon main,

Jisne kuch sapne dekhe hain,

Voh ek jeev hi hoon main,

Jisne kuch apne marte dekhe hain,

Jisni apni aas ko rok lia hai,

Jisne is saans ka na shukriya kia hai,

Voh ek shaks hi hoon main,

Jo roz budha hota hai,

Aur bachpan ko chordh, Jawaani mein budhapa dekhta sochta hai,

Voh ek jeev hoon main,

Jo na-jaane kitno ko khatakta hai,

Aur kitno ki umeed ban chamakta hai,

Voh ek shaks hi hoon main,

Jo apno sapne baad mein, pehle apno k sapne chunta hai,

Aur phir kosta hai ki mere sapno k bich aa rahe ho,

Mujhe meri raah se bhatka rahe ho,

Voh ek jeev hi hoon main,

Jo sabke saath bhi akela phirta hai,

Aur sabke saath ko tarasta hai,

Kya accha shaks bhi hoon main?

15. Bematlabi Baap

Bhule se yaad aa jaate hain,

Zarooratein puri karne ko yaad aate hain,

Thak kar voh har shaam pukaar lete hain,

Hum bhi matlabi se unhe apni thakaan dikhate hain,

Fikar karein toh hum chidchida jaate hain,

Zikar na karein voh humara apni khushiyon mein,

Aise pal kahan hi aate hain,

Hum khaalein toh voh khushi se bhooke pet hi so jaate hain,

Hum phoolon si raahein deke khud kaaton ki raahon par chalte hain,

Hum bhi na-jaane kya-kya sochte hain,

Ki ye humari khushiyon se jalte hain,

Kyonki ye humara kaha nahi maante,

Keh dete hain beta hum tumse zaada jaante hain,

Lad kar dusre kamre toh hum chale jaate hain,

Par thoda der mein unhe, apne darwaaze k aage hi paate hain,

Khuda ne insaan nahi apni jhalak si bheji hai,

Palkon par sajake rakhe ye humein,

Insaani rooh ye kuch alag si bheji hai,

Apni taqleefein aksar humse chupa lete hain,

Humare ek zakham par ye ro dete hain,

Haan maanta hoon gussa hote hain,

Aur gusse mein apna aapa kho dete hain,

Baap, Papa, Abba, Paa k naam se jaane jaate hain,

Inko sab apna bas matlab hi batate hain,

Insi kaabiliyat shayad thoda waqt leke likhi hai,

Kyonki aisi fitrat humari toh nahi,

Ki dusron ki khushiyon mein apni khushi dhund lein,

Aise khoobsurati humme toh nahi,

Ki apna mann maar kar, Dusron ki sunlein,

Inse hum utna pyaar nahi kar paate,

Kyonki ye ghar mein kum hi hain aate,

Par humari har khabar inko hoti hai,

Humara har galat inko chubhta hai,

Humara har kadam inko pata hai,

Phir bhi hum inse khush nahi hote,

Umeed puri kardein bas is matlab se pyar hai,

In logon k aage humari rooh badi matlabi hai,

Kya PAPA hona mushkil nahi hai?

16. Kya Sahi Kiya Hai?

Kal hi toh tha voh,

Jo aaj liye betha tha,

Kal hi toh hai voh,

Jisko kal karunga kehta tha,

Is kal k jhaanse mein,

Maine aaj gawa dia,

Kal karunga kehne ko,

Main kal mein aa gaya,

Phir kuch din ghuma ye aaj-kal aur kal ki kahani,

Par wapas aakhir main kyon kal aa gaya?

Kya mushkil hai ye kal lana?

Haan mushkil hi hoga kehkar chordhna bhi chah hai,

Phir na-jaane kyon ye kalam pakad kar bhi,

Maine kal hi kaha hai,

"Kaal kare so aaj kar", Bachpan se suna hai,

Kaal ki baaton ne kal ko pucha hai,

Maine bas galti ye kari,

K use aaj main kaha hai,

Kya sahi kiya hai?

Puchna Tha...

Tum aakar sawaar logi shayad,

Tum is kadar toh na bikhra chordh jaogi,

Khud kuch kahoon na main beshaq,

Tum meri har baat samjhogi,

Shayad!!!

-Hitansh Bhardwaj

17. Bura Maan Gaye?

Nahi bolte tum galat ho,
Phir toh thik rahega na?
Nahi bolte tumhe ki,
Tum kuch na bolo mere baare mein,
Phir thik rahega na?
Chalo maan lete hai tumhari baat,
Kala rang kisi ko pasand nahi,
Ab tum bhi maano ek baat,
Kal se kaale mann se nahi sochoge,
Ab ye toh thik rahega na?
Chalo maan hi lete hain tumhara kaha,
Bhaddha sa shareer hai mera,
Ab tum bhi maano ek baat,
Kitni bhaddhi soch hai tumhari,
Arre bura maan gaye kya?
Aise ab jaa kahan rahe ho pura toh padhte jao,
Sacch ye nahi ki mujhe bura lagta hai,
Jab mere shareer ko koste ho,
Sacch ye hai,
Ki tumhe bura lag jayega,
Agar humne zara sa tumko kuch bol dia toh,
Kyonki tum toh thik ho aur hum apahij hai,
Ek baar mera mazak na uda kar mujhse baat karli hoti,
Yaqeen maano, tumhare jaisi moti soch nahi,
Motapa liya bhi hai toh shareer ko dia hai,
Kala rang bhi hai toh khoobsurat hai,
Daag bhi hain toh sabke saamne hain,

Tumhari tarah bheetar mere koi daag nahi,
Tumhari tarah mere liye koi sharir ka fark nahi,
Sabko upar waale ne ek samaan banaya hai,
Aise vichaar mere maa-baap ne mujhe sikhaye hai,
Ab zara si sharm bachi ho,
Toh aage se kisi ko surat sa nahi sirat se dekhna,
Shayad tumhara mann bhi saaf ho jaaye...

18. Guzar Gaye?

Guzarna toh hai hi,
Phir waqt ho ya insaan,
Maanna toh hai hi,
Phir sacch ho ya bhagwaan,
Par kyon hum chaaron ko jhutlaate hain,
Aakhir mein aake,
Insaan kyon waqt ko koske,
Sacch jaanke, Bhagwaan ko maante hain?
Sahi baat hai,
"Der aaye durust aaye",
Par dor guzar jaane k baad,
Durust kyon gaur farmaate hain?
Kadar karte hai apno ki,
Par kyon apna waqt nahi bacha paate hain?
Bhagwaan ko phal chadakar,
Ek din mein na ye kuch kar paate hain,
Bas ek nazariye se nazron mein utar jaate hain,
Kyon ye bhagwaan se apne samay ki bheekh maangte hain?

19. Kya Kehte Hain?

Sab hote huae bhi kya dhoodhun main?

Sukoon se pal beetein,

Phir bhi kyon sukoon hi dhoondhun main?

Kya zindagi mein chahta hoon?

Aakhir main kya banna chahta hoon?

Sab hai phir kyon shabdon ko bechoon main?

Main kya sochun inka behtar?

Ye khud k hi karzdaar bethe hain,

Inse behtar toh main khud se baatein karloon,

Par mere khud k na-jaane kitne kirdaar bethe hain,

Har roz kehte hain,

Kal sawar jayenge,

Par shayad bhul bethein hain,

Ye kal mar jaaenge,

Phir ye sapno ka baksa,

Aag mein jalega ya hawa mein udega,

Ye jaan-ne waale hum kya bhagwaan bethe hain?

Khud-se pucho zara,

Kyon jitna mila hai tum khush nahi ho?

Kyon tumhe lagta hai tum khush-qismat nahi ho?

Arre bas ek baar bazaar mein jaake toh dekho,

Tumse niche yahan hazaar bethe hain,

Roshni daulat mein nahi,

Sukoon na is aiyaashi mein hai,

Asal mein jo ameer hai,

Voh bas pyaar kehte hain,

Shaurat bhi kichi chali aayegi,

Kamiyaabi bhi ek raasta banayegi,

Koshish karne ki chah jab aayegi,

Arre haare toh kyon rukna hai?

Chalte-chalte hi toh sikhna hai,

Samajhdaar agar lagte ho khud ko,

Toh phir kyon sir jhuka kar bethe ho?

Manzil ko paane ki umeed na chordho,

Koshish karte rehne waale ko hi samajhdaar kehte hain,

Haar maan lene waalon ko bhi kya gunhegaar kehte hain?

20. Kyon Darte Ho?

Ghabra jaata hoon bhid se,
Sharma jaata hoon bhid se,
Kehna toh bohot hota hai,
Par chup ho jaata hoon bhid mein,
Main darta hoon akelepan se,
Par band kamre mein hi sukoon hai,
Main darta hoon andheron se,
Par voh chaand hi toh sukoon hai,
Main ladta hoon tasveeron se,
Main bikhra hoon bin dil tute,
Na-jaane kyon kaanpta hoon,
Jab milta hoon tasveeron se,
Main bolun bas kitaabon se,
Phir bhi kyon chup na rehta hoon,
Sabka main accha dost hi hoon,
Sabki taqleefein sunta hoon,
Par apni kehne se darta hoon,
Har din halka sa marta hoon,
Main buzdil hoon ya kaayar hoon,
Jo pankhe se apne darta hoon...

21. Kya Khud Ko?

Roz galti maan leta hoon,
Phir agle din galat karta hoon,
Ek karwaan sa hai zindagi ka,
Main galtiyon ko ginta rehta hoon,
Main maanta hoon main hara hoon,
Par kyon haar maanlu main?
Main jaanta hoon bas thehra hoon,
Par kyon na dar k sehmu main?
Haan maanloon na hoon kaabil main,
Par kya apni kabiliyat jaanu main?
Aata hai khud-se jhoot bolna,
Acche se kos bhi leta hoon khud ko,
Waadon bhi na main pakka hoon,
Par waadein phir bhi kar aata hoon,
Is aas mein ki apni na sahi,
Iski toh maanunga main,
Bas ab sikh na de ye zindagi aur,
Toh khud ki kabiliyat jaanu main,
Kya khud ko jaanu main?

22. Saath?

Galtiyon ko maaf kar dena,
Humko kabhi-kabhi samajh lena,
Haan maante hain rishta do-tarfa hai,
Par tum ek-tarfa koshishein bhi kar lena,
Ruthogi tum toh hum toh manayenge,
Par tum kya humari udaasi samajhogi?
Apni har khushiyaan hum tumko sunayenge,
Par tum kya apni hasi samjhogi?
Umar bhar saath nibhana hai,
Toh umar bhar samjhote jhelogi kya?
Apna har waada hum nibhayenge,
Par tum apne waadon par rahogi kya?
Taqleef hai duriyon se,
Par in duriyon ne nazdikiyaan badhai hai,
Taqleef hai majbooriyon se,
Par in majburiyob ne hi tumhari kadar samjhai hai,
Saath toh dono ko nibhana hai,
Main kalam bas ye puch rahi hoon,
Dar kar bhaag toh nahi jaoge na?
Koshishein karte rahoge na?

23. Nafrat?

Ye jo baat haina nafrat mein,

Voh khushi ko cheen leti hai,

Nayi-nayi khilkhilaahat ko,

Maayusi mein badal deti hai,

Is nafrat ka andaaz shayad galat hai pyar karna ka,

Magar aaj kal k zamane mein ye nafrat hi nazakat bhar rahi hai,

Kaise ek insaan itni muskurahat bech sakta hai?

Is gum k bazaar mein,

Kaise ye jazbaat bikhar hi nahi paate?

In alfaazon k andaaz mein,

Kyon ye mefilon mein khamoshi se shor ki awaaz aati hai?

Aur yahaan ek insaan ki khamosh awaaz ye farishte nahi samajh paate?

Kyon waqt ki ginti ginne ki koshishein karte hain yahan?

Jab zindagi mein waqt ki ehmiyat ko samajh nahi paate,

Kyon beparwah banne ki koshish kar rahe hain yahaan?

Jab zamaane ki parwaah se hi ghabra jaate,

Ye koi junoon nahi, Bas ye nafrat hai,

Kisi aur se nahi ghabraate yahan,

Khud se hi ghabraatein hain,

Aur is "Nafrat" ko zindagi banate hain...

24. Koi Samjhega Shayad...

Kabhi toh main bhi paankh phaeraaungi,
Kisi roz main bhi unchi udaan bhar jaaungi,
Nahi hoga koi dusra mujh jaisa,
Is kal ki soch se main apna aaj banaungi,
Par ye aaj hi mein kyon main beawaaz bethi hoon?
Kehna toh hai,
Par kyon phir bhi is shor mein mon bethi hoon?
Kya ye zamana kharab hai?
Ya ye hain bas inke puraane khayaal,
Kya ye bhaed-bhao hi raaz hai?
Ya ye hai bas mere mann k khayaal,
Bas, kahin ye hona mere ladki hone ki wajah,
Bas, mujhe na mile is kudrat ki saza,
Mere sapne, sapne na reh jaayein kahin,
Mere apno ko hi na ho mujhse lajjha,
Mujhe ladna toh hai par pata nahi hai ye kis baat ka dar,
Mujhe udne toh hai par pata nahi kyon kate se lag rahe hain mujhe ye par?
Shayad jawaab hoga aas paas,
Shayad ye mushkil hoga mera zameen se aasmaan tak ka safar...

25. Karoge?

Maan lia main sunta nahi hoon,

Bas apni sunata hoon,

Maan lia main abhi kaabil nahi hoon,

Bas kaabil hone k sapne sajata hoon,

Haan waade kuch khus se hain,

Waade kuch apno se hain,

Maan lia main baatein badi-badi banata hoon,

Par tum bas sabar rakhna,

Palkon par jo bithaya hai,

Aansu ban mera na bikharna,

Main bikhroon toh sawaar lena,

Main nasamajh hoon, Samjha dena,

Itna toh karoge na?

26. Na Jaane Kyon?

Na jaane kyon, sabke paas hote huae bhi akela sa mehsoos hota hai,

Sab kuch sahi hote huae bhi, sirf galat ka hi ehsaas hota hai,

Kyon mujhe sab ek dikhawa lagne laga hai?

Na jaane kyon, sabse khaas hote huae bhi bichda sa mehsoos hone laga hai,

Ya bas main zaada sochne laga hoon,

Ya phir is zamane ki sacchai ko parakh lia hai,

Sabko ek saman mana hai shayad isliye sabse kuch fark kia hai,

Matlabi hua tha main,

Kyonki khush rehne k matlab talaashta tha,

Magar ab jaane kyon,

Is matlabi baat ne mujhe dukh bhare lamho ka sabak dia hai,

Ab meri baatein gehri nahi chubhne lagi hain,

Ab main bhi voh samandar nahi raha jo saara namak dabaaye bethun,

Ab main bhi insaan hi hoon,

Khos kar is samandar ko namak ki hi talaash karunga,

Aur voh bhi samandar hi hain,

Isliye unse na main mithaas ki aas rakhunga,

Na jaane kyon?

The Right Question

Hum aksar apne aap se galat sawaal karte hain,

Sawaal ye nahi hona chahiye ki ye kaise hoga,

Sawaal ye hona chahiye ki main kya kar raha hoon jo ye ho...

Sawaal ka matlab ye nahi k khud ko majboot batao,

Sawaal ka matlab ye hai ki kaise khud se nazrein milao,

Sawal apne galat par karo,

Pehle khud se karo baad mein dusron se karo,

Main tumhe samajhdaar isliye maanta hoon kyonki tum khud ko samajhdaar samajhte ho,

Pehle khud par yaqeen karo,

Pehle khud se pucho, ki main jo kar raha hoon kya voh sahi hai,

Mera haar maan lena, Mera khush hona, Mera galat karna, Mera aisa sochna,

Kya ye sahi hai?

Sawaal zaroori hota hai,

Par agar sawaal karo toh himmat rakho ki jawaab bhi de sako,

Bolte rehna kuch bhi jawaab nahi hota,

Samajh kar sunna, Phir bolna jawaab hota hai,

Aur dusron k sawaal ka jawaab kehkar nahi kar k dikhana hota hai,

Aur dusron ko toh jawaab de bhi doge, par khud ko kya bologe,

Toh ab bas ye socho kya itne samajhdaar ho ki Sawaal ka Jawaab de sako...